de terra, vento e fogo

VOZES DA ÁFRICA

Lica Sebastião

de terra, vento e fogo

kapulana

São Paulo
2015

Copyright © 2015 Editora Kapulana Ltda.
Copyright do texto © 2015 Lica Sebastião
Copyright das ilustrações © 2015 Amanda de Azevedo

A editora optou por manter a ortografia da língua portuguesa de Moçambique.

Coordenação editorial: Rosana Morais Weg
Projeto gráfico e capa: Amanda de Azevedo
Diagramação: Amanda de Azevedo

Dados Internacionais de Catalogação na Publicação (CIP)
(Câmara Brasileira do Livro, SP, Brasil)

Sebastião, Lica
 De terra, vento e fogo / Lica Sebastião ;
[ilustrações Amanda de Azevedo]. -- 1. ed. --
São Paulo : Editora Kapulana, 2015. --
(Série vozes da África)

ISBN 978-85-68846-06-3

1. Literatura africana 2. Poesia moçambicana
I. Azevedo, Amanda de. II. Título. III. Série.

15-09027   CDD-869.1

Índices para catálogo sistemático:
1. Poesia : Literatura moçambicana   869.1

2015

Reprodução proibida (Lei 9.610/98).
Todos os direitos desta edição reservados à Editora Kapulana Ltda.
Rua Henrique Schaumann, 414, 3º andar, CEP 05413-010, São Paulo, SP, Brasil.
editora@kapulana.com.br – www.kapulana.com.br

Apresentação
07

Prefácio,
de Teresa Manjate
09

de terra, vento e fogo,
de Lica Sebastião
12

Os desafios dos EUs em Lica Sebastião,
de Teresa Manjate
93

Apresentação

Como conhecemos Lica Sebastião? Fomos apresentados duas vezes a ela por Francisco Noa. A primeira vez pelo prefácio do notável pesquisador ao livro de estreia de Lica, *Poemas sem véu*, de 2011. Mais tarde, no início de 2015, o mesmo Noa nos apresentou Lica como "uma voz poética feminina de grande sensibilidade estética".

Foi assim que passamos a conhecer mais profundamente Lica Sebastião: por sua obra. Lica nos conduziu, generosamente, durante meses, por um caminho de encantamento que resultou na publicação, no Brasil, desta coletânea de poemas inéditos.

Dizemos generosamente porque Lica Sebastião deixa transbordar, em *de terra, vento e fogo*, um lirismo incontido. Expõe corajosamente ao outro suas alegrias e angústias, e nos comove a cada verso, a cada palavra.

Generosamente, também, Lica Sebastião oferece aos brasileiros quarenta preciosos poemas nunca antes publicados.

A Editora Kapulana agradece a Francisco Noa que nos apresentou Lica Sebastião. Agradece também a Teresa Manjate que nos revela um pouco mais de Lica em textos que fazem parte deste volume.

A Editora Kapulana tem a honra de lançar a primeira edição de *de terra, vento e fogo*, de Lica Sebastião, admirável poeta e artista plástica moçambicana.

São Paulo, 21 de setembro de 2015.

Prefácio

De terra, vento e fogo é o novo livro de Lica Sebastião. É o terceiro livro de poesia repleto de imagens fáceis e difíceis, dolorosas e tranquilas, numa luta não só individual, como também na busca de caminhos novos ou renovados de uma nova maneira de escrever e fazer escorrer tinta na poesia moçambicana.

É uma responsabilidade fazer o prefácio de um livro com grande qualidade e projecção linguística, mas sobretudo lírica, quanto a esta nova obra de Lica Sebastião, *de terra, vento e fogo*.

Para título ela escolhe três dos quatro elementos da Natureza que os gregos para quem a origem da matéria era atribuída a quatro elementos diferentes: o fogo, a água, a terra e o ar. Ela escolhe três porque o quarto, a água, de forma sorrateira invade os versos e se impõe.

De forma dissimulada, melhor, não enunciada, a água, o quarto elemento da Natureza, ganha forma e completa o círculo, como vemos através de palavras como: o rio, o suor, as lágrimas, "A minha *hidrografia* instável", "Não quero ser o Douro, /nem o Zambeze, /nem o Mississipi".

A Natureza, aos olhos e por sugestão dos gregos, e como anuncia Lica, fica completa, una e indissolúvel.

Natureza completa. A terra. Lica é uma mulher africana. Na nossa filosofia, a mulher é a terra, onde se coloca a semente que germina. Portanto, a mulher é o receptáculo do amor, da dor e da força da reinvenção da vida. A continuidade. É na terra onde as pegadas ficam e marcam a passagem. Continuidade e passagem? Na verdade, a passagem, morte, como vulgarmente se diz, na cultura africana, é marca da continuidade. Ficam as pegadas na "areia da praia", ficam as pegadas na vida de quem fica de múltiplas maneiras.

Natureza completa. Fogo. Fogo é combustão. É paixão que os poemas exploram à exaustão.

Natureza completa. O vento. O ar respirado e as palavras sussurradas. O ciclo fecha-se. A Natureza vibra. A vida exubera. Em África, a vida é assim: intensa. E a poesia de Lica capta esse esplendor, essa vida que não questiona: simplesmente existe, dinâmica e complexa.

Os textos fluem com naturalidade como uma conversa à volta da fogueira ou debaixo da mafurreira ou da mangueira, onde os namoros acontecem no discorrer de palavras e emoções. E por fluírem naturalmente, tornam-se mais verdadeiros e mais consistentes.

De uma doçura ímpar e intimista, as palavras vão-se entrelaçando, pintando no papel sinais vibrantes que iluminam a alma e nos ligam à nossa ancestralidade musicada e ritmada. Os poemas de Lica esgravatam emoções, vidas e tempestades: um amor vivido e interrompido, afinal uma vida que a lógica da Natureza exige como continuidade. Esta é uma africanidade que pugna por reconhecimento sem as setas da desigualdade, mas da *mesmeidade* na afirmação de uma vida ligada à terra-mãe, com tambores festivos, porque o momento é de dor, numa linguagem que as montanhas conhecem e os mares entendem. É uma africanidade universal, com o seu cheiro, o seu brilho, o seu gosto e o seu gozo. Assim é porque as pessoas, homens e mulheres, deste planeta – em África, na Europa, nas Américas e noutros lugares que a Geografia indica em mapas ou de outras maneiras mais sofisticadas – amam, são amadas, despertam e descobrem que são simplesmente humanos/as.

Ao contrário do que diz o jornalista Jean-Arsène Yao (2008), "A literatura africana, anticolonial nos seus começos, está a distanciar-se da veia realista e procura contar as turbulências do dia-a-dia africano através de uma narrativa metafórica. O africanismo já não é o único horizonte da nova geração de escritores à procura da universalidade. (...). Alentada pelos seus êxitos entre os leitores ocidentais, a nova geração de escritores de África negra opta por um estilo cada vez mais universal, o que permitiu a sua integração nos catálogos dos editores franceses." Eu diria que o lirismo africano, na sua forma mais sublime, como Lica desenha, que explora a Natureza à sua volta e a emancipa – realidade tão reivindicada pela "negritude" através da afirmação da identidade negra e da sua cultura que introduziu o mundo negro no campo literário, o amor e a dor da partida e da morte, embora não cantados tão intensamente (na escrita) – são a alma da literatura africana, a marca fundamental da negritude e da africanidade.

Lica Sebastião é africana e, nesta obra, manifesta esta africanidade através da dor e da perda, tão presentes nas nossas vidas, na nossa História.

Teresa Manjate
Maputo, setembro de 2015.

1

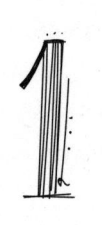

Partiste e eu fiquei,
um vazio desconhecido.
E as noites?
O relógio arrasta as horas...

Fui à caixa onde depositei
os milhares de palavras que me dirigiste,
tirei-as, com cuidado, uma a uma, e,
como um ourives experiente,
fiz um colar.

O pendente adornado com os beijos
que me enviaste em curtas mensagens.
No fecho,
a recordação do enlace suave na minha cintura.

2

Sou a ponte e tu o rio.
Queria antes ser cada uma das tuas margens.
Em todas as estações, cuidares do meu solo sedento.

3

Às vezes os meus versos
são um jogo semântico
com os signos desta língua que eu amo
e outra não sei.

Outras vezes os versos não mais são
que uma alegria momentânea.

Mas outras sai-me dos dedos uma dor tal
a que só a lembrança do teu sorriso vedado
sobrevém.

4

A mim frustra-me
esta estranha sensação
quando não estás perto.

5

Muitos corações entediam-se,
navegam no oceano, sob nuvens,
anseiam por segredos.

Poucos rimam a mesma toada.

Que dádiva seria que, destes desencontros,
te encontrasse eu,
para me perguntares nada
e eu nada responder,
olhar-te apenas,
embevecida.

6

O meu sexo é uma casa com nuvens
e finíssimos cursos de água.
Tu esperas à porta e és o sol.
Atravessas-me e fazes uma dança frenética
e eu desaguo,
grata.

À cabeceira repousa um retrato teu, emoldurado.

Quero falar-te nas madrugadas de insónia branca.
Esqueço-me, por vezes, das tuas feições
e, então, revejo-te mais vivo e verdadeiro, ali,
qual carícia inventada pelas sombras.

Demolir, destruir, separar;
Possuir, unir, conquistar.

Quero-te na leveza do teu ser.
Não posso conquistar-te porque a mim tal não pertence,
nem destruir que não me cabe o destino alheio,
tão pouco possuir que a liberdade é a essência da vida.

Se repousares no meu ombro,
afago-te as asas
antes de um outro voo.

Escrevesse eu um livro
e não relataria dramas de amor
nem de desapontamento.

Pediria sim que a vida renovasse
o brilho nos meus olhos míopes,
como no dia em que te reencontrei.

10

Minha jangada solta, colhe-me um feixe de flores silvestres
nas margens.
Grava o meu curto nome na casca da maior árvore na foz.

Jangada no meu rio, por que navegas para longe?

11

Borboletas nunca se apressam.
Têm um ritmo certo, natural;

Tão leves e pequenas, frágeis.
E as cores? Inimitáveis!

A minha alma abre-se temerosa.
Sou a larva.
Da metamorfose serei
a borboleta branca ou azul,
as quatro asas voejando para ti.

E tu, serás o cravo? A nuvem?
Ou um gigante? Um anjo?

12

Os meus olhos marejados de água
e o nó da saudade persiste.
De dia as lides e o labor disfarçam,
até sorrio ao sol e à brisa rara.
À noite cerram-se as sombras,
então qualquer *love song* me traz lembranças.

É uma realidade doce que dói.

13

Um canto, um hino, uma ode,
uma canção que diz promessas.
E o coro confirma,
e afina-se.

Uma canção canta em mim,
escolho as palavras mais puras.
Só tu, amor de sempre,
da adolescência e da curva da idade,
para me fazeres cantar esta muda canção.

14

A madeira à árvore, a luz ao sol, a onda ao mar,
o canto à voz, o corredor à casa.
E o túnel faz um fundo convexo em mim
nesta longa espera.

15

Tu dizes quartzo, rubis, eu digo sílex, esmeraldas;
Tu sobes, eu paro, ofegante;
Tu dás-te e eu agradeço.

Quem me vai censurar por tecer
uma renda de sol com franjas de lã orgânica?

16

O capim alto à berma da estrada verga-se ao vento.
É uma dança monótona com três ou quatro passos.
Mantém-se ali sustentado pelas raízes.

E a minha força brota desse solo que tu és.

17

Neste mundo há gente de olhos encharcados e cheios de desespero.
São os fracos?
Há gigantes com um exército e que se adonam de quase tudo.
São os venturosos?
E há os revoltados.
Incompreendidos?
Há os que amam por amar do fundo do seu ser.
Tolos.
Por que estou eu nesta escala?

18

Pedi-te a verdade do teu coração e não ma disseste.
Guardaste-a só para ti.

Meu cravo roxo, desculpa-me dar-te o nome de flor,
se és tão másculo.
Tenho vergonha da tua serenidade,
da sabedoria em esconder-me mágoas.

Como será no dia em que te perder?
O amor aí se medirá na sua verdadeira intensidade.

Ainda assim, meu cravo querido, terá valido amar.

19

Sou tão forte e audaz.
A minha magreza é temperada de terra, vento e fogo.
Grito à chuva impropérios,
descalço os pés sobre a lava,
enfrento os demónios do ódio,
troço das minhas próprias fraquezas,
ofereço o silêncio perpétuo aos que mal me querem.

Perante ti desfaleço.

20

Os meus versos estão impregnados
do teu suor, da tua luz e voz...
e da tua obstinação.
Tens medo que saibam que és tu.
Não te apoquentes, amor.
Esses de quem receias críticas e censuras
não vão nunca aos livros.
Têm enjoos da palavra escrita
e do sabor dos beijos puros que te dei.
Sabes, se lessem os meus versos,
olhariam para ti com inveja disfarçada
do tanto que te quero bem
e cobiçariam o teu nome bordado em mim
com fios de ouro e com enfeites
de pequenas penas de ave exótica.

21

A minha hidrografia instável
pede que eu tenha leito, algas, variações.
E preciso de margens imensas.

O leito transborda
e eu, rio, choro.
Estou suspenso e os barcos
não me navegam mais.

Não quero ser o Douro,
nem o Zambeze,
nem o Mississipi.

Sou apenas um rio de vida
com as minhas águas a murmurejar
o teu nome, incessantemente.

22

Contas o amor pelos anos, pelos dias, pelas horas.

Pode o estremecer dos meus lábios, suspirando por ti,
ser medido pelas contas do ábaco?

Pode a minha entrega a ti, doce anjo, ser medida a metro?

E o meu desejo de te ver abraçar a vida em toda a plenitude
pode ser dividido pelos muitos sóis que perdeste?

Assusta-te, sim, a imensidão do meu querer.

23

Não me tragas flores de Gauteng, bombons recheados.
Não me digas *hello*! Não cites o *Times*.

Quando chegares, levo-te a ver o mar.
Ele sabe dos meus segredos.
As ondas nocturnas calaram muitas vezes
o meu grito saudoso.
A maré baixa deixou marcas
das minhas pegadas na areia.
Ficou o desenho dos teus olhos meigos.

Não me tragas nada de Gauteng.
Não tragas agasalhos. É Verão aqui.

Quando chegares, levo-te a ver o mar.
Não há horizonte e a emoção é tamanha.
Visto-te com a espuma que desmaia aos teus pés.
Visto-me também.

Um beijo de sal; temo a partida.
Não quero, amor...

24

Esse silêncio parece a sentinela de um templo.
Mas oiço as tuas palavras.
O eco devolve-mas, repetidas.

Não te lembras de as teres pronunciado?

A noite destrona a luz, não as vozes.
As estrelas que só eu vejo
vão peneirar esse silêncio.
Ficam as palavras doces,
como o meu sentimento;
as de rejeição enterro-as.

25

Os jogos de cartas jogam-se à deriva.
Há vencedores casuais.

No jogo do amor aposta-se alto
no baralho de dar e receber;
Os jogadores aguardam, somam e cansam-se.
Muitos procuram uma nova cartada.

No jogo que perpetuo,
não és meu adversário;
dou-te a mão para te levantar, aceita-a.
Sem me pedires, faço-te uma carícia de água para te acalmar.
Repito o refrão da tua música favorita.
Digo-te todos os poemas que te escrevi.

Por que sorris agora?

26

Se houver dureza na minha voz, peço perdão.
Se eu vir pássaros amarelos e os confundir com pássaros azuis,
perdoa-me o equívoco.
Também gosto do azul, é imenso.
Se te fores pela madrugada
e eu te pedir para ficares mais um pouco,
não me roubes o coração.
Se te suplicar que mudes o teu riso aberto,
não, não o mudes, é um dos teus encantos.
Se eu te trautear aquela canção,
não te irrites. Encomendei uma serenata.
Se me quiseres convidar para te ouvir falar,
chama o mar também.
Chegamos envoltos na brisa e nas ondas,
com chocalhos de conchas, só para te ouvir.

27

Na janela os vidros embaciados,
fios de água escorrem,
fazendo caminhos sinuosos.

Qual é a cor da chuva de Janeiro?
Dizem os livros que é incolor.
Mas tudo tem uma cor,
até o abraço a meio da noite.

Abri a janela
e as gotas caíram na concha da minha mão.
Sorvi-as.

Qual é o sabor da chuva de Janeiro?
Dizem que não sabe a metal, a limão ou a pão.
Mas tudo tem um sabor,
até a tua recusa, doce amor.
E que amargo sabor!

28

Os poemas não revelam tudo.
Faltam sempre as metáforas perfeitas
para descrever a tua respiração
entre o sono e o sonho.

As palavras não cabem todas nos dicionários.
Algumas escapam à caçada académica dos lexicólogos.
E eu que precisava tanto do sinónimo para o teu gesto
a compor-me as tranças, sorrindo...

Os poemas não são tão maravilhosos assim.
Queria que dissipassem a minha fúria quando te censuro
só porque me trazes rosas e não margaridas,
só porque estás inseguro e eu altiva,
só porque não és o Hércules, apenas tu.

29

Os versos que te escrevo,
porque outro recurso não tenho de tos dizer,
edificam uma moradia
para as minhas emoções.

Um quarto triangular decorado com folhas do fim do Verão;
Recordar todas as coisas intensas que vivi.
Uma sala com candeeiros de vidro;
As visitas tardias que me fizeste, como um noctívago perdido.
Uma saleta com paredes brancas;
As músicas que ouviste na vida e que te tornaram homem.
Um atelier.
Para me veres pintar retratos de gente e de bichos.
Uma varanda.
Beijar-te as mãos de olhos fechados,
pedir a Deus que tudo isto se renove.

30

Se um menino acerta as contas, o professor faz-lhe um elogio.
Se um bailarino interpreta uma dança na perfeição, recebe aplausos.
Se eu te amo de todo...
Se eu me dou...
Dizes, distraído, que um violino não é um instrumento
é a própria música.
Argumentas, forçadamente, que a voz da Lira
é uma sinfonia, não uma canção.
Gesticulas, aflito, e declaras que há muitas escolhas na vida,
não te apressas.
Se eu me dou...
Se eu te amo de todo...
Tenho pressa de viver, de amar, de escolher...
a ti.

31

Meticuloso, o pintor repetia em telas sucessivas
paisagens; arvoredo, águas...
Uma psicose. Não acordava do mesmo sonho.

Se eu pudesse furtar-lhes a frescura dos verdes
e o orvalho das folhas,
rejuvenescia-te o sorriso p'ra sempre.

32

O amor tem um odor, gestos próprios. Sim, tem.
Tem mistério.
Tem ritmo.
Não o sinto entre nós.
De que te culpas?
De que me culpo? De nada.

Ao fim do dia, o poente alaranjado é belo,
mas nostálgico.
Nunca me convidaste a vê-lo da baía
para depois me dares a mão pela orla.
De que te culpo eu? De nada, amor.
De que me culparias tu?

Nas noites de lua, uso uma flor entre as tranças.
Nunca me dizes que estou deslumbrante.
De que te culpo eu?
De que me culparia eu?

33

Melómano.
De terra as vozes que te prendem,
de vento as melodias que guardaste na memória,
de fogo as letras em que procuras sossego.
A música é a tua máscara.

Mas escuta-me também.
De água faço-te música, sem voz,
dita tão baixinho, tão baixinho,
que tenhas de te chegar mais.

Inundar-te de música.
Inutilizar a palavra. Os instrumentos.
Fundirmo-nos na música do outro. Ah!

34

O que aconteceu entre o meu jardim e o teu?
Por que não ouviste a minha música
e não percebi eu a tua partitura?

Parecia que as tuas ondas corriam para o mar.
E que as minhas avolumavam os rios.

Nada mais natural.
Amor cíclico.

Assim se interceptam as raízes mais vivas.
Assim retornam os aromas, o chão enxuto, os hibiscos vermelhos

...em nós.

35

Continuo a colher-te hibiscos todos os dias.
Pontuo as nuvens com eles. Não cabem numa só jarra.
Uso sempre um na orelha ou no cabelo. Vermelho, cinco pétalas.
Não, não mudei. São as mesmas emoções.

Às vezes, sou assaltada por pensamentos.
E pensamentos são crus. Nus. Escarpados. Necessários.

Mas, não mudei, meu hibisco matizado!
São as mesmas emoções.

36

Esta distância encantatória alucina-me.
Tu, tão longe, e eu a adivinhar a tua fragrância,
só de memória,
só de contornos,
só de faro.

Tão longe, e um cordão imaginário cheio de estrelas
traz-me a sensação de que estás bem ou desalentado.
Parece a magia das histórias infantis que li há tanto tempo.

Tu, tão longe, e, como nos filmes da minha adolescência,
és o galã de olhos castanhos,
por quem me apaixonava
perdidamente.

37

Gosto de roseiras, é certo.
Mas todos lhe dão créditos demasiados.
Dá a flor das paixões?
As pétalas são caprichosas.
Duram tão pouco...

As buganvílias, a insolência à vista.
Podamos hoje e logo
brotam, furiosas.
Flores mimosas, cores de encanto,
caem e fazem um tapete.
Fingem fragilidade.

Se te conhecessem, chamavam-te buganvília
e talvez o lilás te assentasse bem, meu encanto.

38

Levaste-me a ver o mar.
A costa bravia, ninguém a banhos.
Só na areia um casal assustadiço.

E as ondas bramem.
Sobrepõem-se a tudo,
entram pela noite dentro.

E se me roubarem o que te segredo ao ouvido?
E se te distraírem enquanto me tens?
E se te inundarem os sonhos e me esqueceres?

Ondas quero levar no meu regresso
para te enfeitiçar o desejo de mim...

39

Ressurge-me sempre uma sombra
qual flor que se despega de um fino ramo,
ainda que me confesses, milhentas vezes,
o meu lugar no teu trono.

40

Monólogos de sal.
Cinza, verde ou azul?
Rendas de espuma branca.

Que medo da imensidão...
Que medo da cor desse amor!

Os desafios dos EUs em Lica Sebastião

Não é a primeira vez que converso com a Lica, nesta *dimensão*: a dimensão da escrita artística, em poesia lírica. Das vezes que tal aconteceu, ficou sempre presente a ideia de uma revelação quase biográfica. Melhor: autobiográfica.

A poesia lírica, segundo as teorias, define-se normalmente como aquela que manifesta vocação para exprimir sentimentos, *estados de espírito* do sujeito na sua "interioridade" e em "profundidade", e não a de representar o mundo "exterior" e "objectivo" (Carlos Reis, O Conhecimento da Literatura: 1997: 305, Aguiar e Silva, A Teoria da Literatura: 1988: 582). O lirismo confunde-se com a poesia "pessoal" e mesmo "intimista", e privilegia, assim, a introspecção meditativa. A subjectividade lírica é, por natureza, introvertida e egocêntrica. Talvez esta seja então a razão que me leva a pensar nos poemas de Lica como autobiográficos, se calhar não de forma tão categórica como sustenta Kate Hamburger em *The Logic of literature* (1973: 276-278). Porém, a sua feição pessoal e intimista, a profundidade dos temas e da linguagem levam-me a dizer: esta é a parte da Lica que emerge e sai do coração e das experiências não partilhadas para o papel.

Esta assumpção hipotética de que os textos serão de feição autobiográfica, aparentemente peremptória, é deveras tímida e em nada categórica, na medida em que é conflitante com aspectos a nível teórico – retórico, semiótico e fenomenológico.

A nível teórico, entende-se que no universo da criação literária, o autor como pessoa está ausente, e o "eu" é um puro sujeito da enunciação, é uma voz e uma identidade criada, que só emerge de forma condicionada, isto é, só na vida de um texto literário. Deste facto decorre o princípio de que só pode haver, a rigor, distinção entre o sujeito da enunciação e o sujeito do enunciado. Assim, a constituição de um sujeito diferente do sujeito referencial, a noção de sujeito lírico abre-se para uma análise do texto poético deliberadamente distinta das perspectivas biografistas.

> Partiste e eu fiquei,
> um vazio desconhecido.
> E as noites?
> O relógio arrasta as horas...

"Eu fiquei" associado ao vazio/ as noites (momento privilegiado para a introspecção e para a solidão) sugerem o fechamento do ego em si mesmo. Esta reflexão justifica-se pelo facto de Lica escrever uma poesia subjectiva, marcada pela interiorização, isto é, com propensão eminentemente egocêntrica (Carlos Reis: 314), que coloca no centro um determinado universo de um *eu*, numa captação sensorial que favorece a configuração de um universo íntimo eivado de emoções e experiências afectivas.

No plano retórico, as figuras de linguagem constroem uma "dupla referência" – ou, ainda, uma "referência desdobrada". Com efeito, e de modo mais geral em todas as figuras, a significação literal não desaparece; ela manifesta-se por detrás da significação figurada, coexiste com ela. A "noite" ou o "Sol", para lá de parte do dia sem luz solar, ou o astro-rei, na sua "dupla referência", convoca estados de espírito, "estados da alma", construção de sentidos, múltiplos. Nos diferentes níveis de sentido, as figuras autorizam leituras multíplices, de tal forma que a consciência dos leitores do poema lírico desloque a sua percepção de um lado a outro, oscilando entre os sentidos, num movimento contínuo de busca de analogias, de ligações que as experiências individuais amalgamam. As falas do Sujeito de enunciação apelam para uma viagem que procura buscar as suas experiências possíveis combinadas com as do Sujeito leitor. Por isso se procura encontrar, de algum modo, as experiências do Sujeito por detrás da criação daquela voz que expõe sentimentos, experiências e visões.

No plano semiótico, todo o texto tem um conteúdo, lugar dos conceitos, ou "onde o texto diz o que diz", e uma expressão, grosso modo, a parte "material" ou sensível de um texto, que sustenta os conteúdos. A substância da expressão abrange desde as palavras e a combinação delas como forma de sugestão do estado da alma e dos sentimentos expressos. A forma diz respeito à maneira como os elementos citados acima estão combinados, que tem como proposta formar e sugerir uma mensagem. Já no plano de conteúdo, é o significado transmitido, é toda a mensagem implícita do conjunto dos elementos que compõem o texto.

No plano fenomenológico, essa dupla referência parece corresponder a uma dupla intencionalidade por parte do Sujeito, ao mesmo tempo voltado para si mesmo e para o mundo, articulando, ao mesmo tempo, o singular e o universal. Deste modo a relação entre a postulação autobiográfica e a ficção passa por essa dupla intencionalidade. Há uma sugestão de uma dualidade do Sujeito lírico com o Sujeito empírico, universalizando-o. Segundo Dominique Combe, na comunicação lírica, trata-se antes de uma tensão jamais resolvida, que não produz nenhuma síntese superior – uma "dupla postulação simultânea".

Às vezes os meus versos
são um jogo semântico
com os signos desta língua que eu amo
e outra não sei.

Outras vezes os versos não mais são
que uma alegria momentânea.

Mas outras sai-me dos dedos uma dor tal
a que só a lembrança do teu sorriso vedado
sobrevém.

 A inscrição de modalidades de consciência [neste caso de escrita de versos, em particular], em termos fenomenológicos, cria o jogo entre o biográfico e o fictício, entre o singular e o universal; sugere o intencional que se impõe e que dilui o poder do Sujeito lírico e, simultaneamente, do sujeito empírico.
 Não há, em rigor, uma identidade do Sujeito lírico. O Sujeito lírico não poderia ser categorizado de forma estável, uma vez que ele vive precisamente de um incessante movimento do empírico em direcção ao transcendental. Vale dizer então que o Sujeito lírico, levado pelo dinamismo da ficcionalidade, não está acabado, está em permanente constituição, numa génese sempre e reiteradamente renovada pelo texto lírico, fora do qual ele não existe. O sujeito lírico cria-se <u>no</u> e <u>pelo</u> poema, que tem valor performativo. Essa génese contínua impede, certamente, de definir uma identidade do sujeito lírico, que se fundaria sobre uma relação do mesmo ao mesmo, num jogo de espelhos que empresta uma identidade ao sujeito empírico.

O meu sexo é uma casa com nuvens
e finíssimos cursos de água.
Tu esperas à porta e és o sol.
Atravessas-me e fazes uma dança frenética
e eu desaguo,
grata.

De uma voz queixosa e pudica quase bíblica [como numa *Cantiga de Amigo*, em que o amado parte] e a solidão e a incerteza de um Sujeito angustiado, passa a registar uma voz sedenta e exigente de amor carnal vivo, no mínimo conhecedor "dos pecados da carne".

Há um conceito que une os dois polos do "eu" na poesia lírica que tanto a abordagem retórica como a abordagem fenomenológica levantam: é saber como a identidade e a alteridade se revezam: afinal o "eu" é um outro – como o sujeito que se enuncia como indivíduo e, simultaneamente, se abre ao universal por meio da ficção – e não somente porque os poetas se afirmam, enquanto homens do universal. De outra maneira, seria a representação do mundo fechado a si mesmo sem leituras, sem discussão, sem apelo a outros eus, se calhar a "vontade" última de quem enuncia.

O conceito da *ipseidade* de Ricoeur que tenta esclarecer o facto complexo de um indivíduo ser ele mesmo, dotado de uma identidade própria e, por conseguinte, diferente de todos os outros indivíduos. É, na verdade, uma questão de identidade, que, coloca a presença a si mesmo, sem postular a identidade. Para Paul Ricoeur, a ideia de uma *ipseidade*[1] do sujeito lírico assegura, apesar de tudo, sob suas múltiplas máscaras, certa unidade. Porém, tal unidade do "eu" na multiplicidade dos actos intencionais, essencialmente di-

---
1 *Soi meme comme un autre*, Seuil, 1990.

nâmica, está em constante devir, isto é, o "sujeito lírico" não existe, ele é uma criação. Ou seja, é um termo que se refere, dentro do contexto da teoria da literatura, à análise de textos escritos em verso; pode ser entendido como a expressão de um "eu" do autor ou de um "eu" fictício, potencializando dinâmicas que conferem, naturalmente, duas avaliações influentes na análise literária. O "eu" lírico, sendo embora uma construção textual, dirige, no entanto, a atenção sobre o sujeito real de quem fala.

> Escrevesse eu um livro
> e não relataria dramas de amor
> nem de desapontamento.
>
> Pediria sim que a vida renovasse
> o brilho nos meus olhos míopes,
> como no dia em que te reencontrei.

"Escrevesse eu um livro..." [Escrito está]. Provavelmente, o mais importante é entender a função que o irreal exerce na realidade que lhe é extrínseca; essa "realidade irreal" proporciona ao sujeito poético um carácter autónomo, visto que se arquitecta a partir de um escritor que lhe conferiu emoções e traços que lhe darão autoridade enquanto Sujeito artístisco do enunciado, índices esses que podem, ou não, ser equivalentes à personalidade do autor da obra de arte.

Carlos Reis afirma a dado passo que o sujeito poético, constituído no contexto do processo de interiorização, é uma entidade a não confundir com a personalidade do autor empírico. No entanto, admite que o autor empírico pode projectar sinuosamente no mundo do texto experiências realmente por si vividas, assim como também é certo que a voz que nesse texto "fala" com o leitor pode ignorar (e também subverter, metaforizar, etc.) essas experiências (1995: 316).

"Falar" com Lica leva-me sempre a pensar na (in)definição da possível coincidência entre o "eu" lírico e o "eu" empírico da poetisa. O problema neste tipo de análise está na ressurreição dos fantasmas antigos do conflito incontornável entre verdades e verossimilhanças, que cria as tensões entre julgamentos que delineiam psicologicamente e comprometem, ao fazer emergir (des)valores que possam sobrepor-se a uma imagem conscientemente construída. Compreende-se que o mundo literário exterioriza, a partir de técnicas artísticas, uma "irrealidade", que enquanto "real" produz emoções bem como juízos de valor, que a sociedade inscreve e outorga, julga.

Teresa Manjate
Maputo, 26 de agosto de 2015.

fontes	Seravek (Process Type Foundry)
	Gandhi Serif (Librerias Gandhi)
papel	Pólen Bold 90 g/m²
impressão	Printcrom Gráfica e Editora Ltda.